○은 공空이요

샘문시선 1065
한용운문학상 대상 수상 기념시집
최경순 제2시집

붉은 가시내
찔려도 난 좋더라

양귀비
아무리 꼬셔봐라
내가 반하나
〈붉은 장미, 전체 인용〉

시린 성벽 사이로 상스러운 말이
바람 등 타고 섬광을 쫓아 달려 나가자
말의 혀에 재갈을 물려 가뒀다

별에 새겨진 갑골문자
시린 벽을 더듬어 보지만
허공만이 혀를 찬다

혀에 읽힌 비문, 별은 알았을까
〈구강, 일부 인용〉

한 해를 봄비로 시작한다
비가 그치고 나면 얼른 가자
쟁기 들고 복사꽃 피기 전까지
무논이랑 밭떼기를 어서 갈자
땀으로 소박하게 일구자

낱알에 싹을 틔우니
만석 꿈이 부푸는구나!
〈싸리골 풍경화, 일부 인용〉

──────────── 님께

──────────── 년   월   일

──────────── 드립니다.

도서출판 샘문

한용운문학상 대상 수상 기념시집

O은 공空이요

최경순 제2시집

여는 글

    시를 푸른 바다에 풀어 놓습니다. 찌푸린 날엔 아름다운 곳을 찾아 꿈꾸는 치어들, 초록의 하늘이 번지면 바람은 푸른 바다의 짠 냄새를 맡는다. 시어들은 바닷속 신비로움을 노래한다. 부서진 파도는 악보처럼 음계를 타며 유영한다.

    푸른 바닷속 유희를 즐기던 치어가 2024년 12월경 문학그룹샘문에서 시행한 한용운문학상 중견부문 대상을 수상하는 영예를 안았다. 타고난 재능이 부족하였지만 열심히 날갯짓을 하다 보니 몸집이 부풀려져서 성어가 되어가고 있다.

    · 등단하는 것보다 어렵다는 한국예술인복지재단에서 예술인으로 등재되고 '예술활동준비지원금' 수혜자로 선정되어 이번에 제2시집을 출간하게 되었다.

    우여곡절도 많았다. 달고 쓴 열매가 익기도 전에 녹음 신록의 숲 속 강으로 거슬러 오르는 힘찬 연어들처럼 저 높은 곳까지 오르고 싶었다.

    우선 거슬러 오르기 전, 세상의 강바닥에서 질펀하게 놀아보고자 했다. 숲 속에서 꽃신을 신고, 저 아름다운 봄을 은유한 사랑처럼 곧은 생각으로 뻗은 가지 하나하나에 언젠가는 행동하는 양심 꽃으로 피어나리라 생각한다.

여는 글

2024년 12월은 잔인한 달이었다. 잊혀지지 않는 엄청 난 이슈가 있었다. 대통령 지시에 의한 무장 군인들, 국회를 장악하고 통제하더니 친위 구태타 내란으로 헌법재판소에서 탄핵 되서 파면을 당하는 끔찍한 달이었다.

나는 깨달았다. 故 김대중 대통령님 말씀 중에 행동하지 않는 양심은 악의 편이다 말이 생각난다. 악의에 굴복하지 않고 양심에 순종을 하며 정의로운 사람이 되겠다고 내 스스로 다짐한다.

나에게 가르침을 준 친구가 있다. 매스컴에 개나 고양이를 학대하는 장면이 나오자 부인께서 끔찍하다며 도저히 볼 수 없다며 학대하는 놈들은 엄벌에 처해야 한다고 길길이 날뛰면 난리를 쳤단다. 그것도 잠깐이었다고 한다. 아마, 금방 잊어버렸다고 한다. 친구는 금방 잊을 바에야 동물 보호센터에 후원이라도 하여 의미를 부여함이 좋을 것 같다고 부인과 친구 이름으로 오만 원씩 일십만 원을 매달 후원하였다고 한다.

또한, 정치, 언론, 기아 등등 후원을 하고 있다고 한다. 저액의 후원금이 모이고 모이면 아주 큰 힘의 원천이 된다는 것, 특히, 정치는 그렇다. 저액의 후원이 수천, 수만 명이 모이고 보면 오래도록 관계가 지속되지만 특정인이 고액의 후원을 한다면 자칫하면 뇌물로 변질되어 오래 지속되지 못하고 무너질 확률이 높다는 말에 그런 고리를 끊어야 하므로 의미가 깊다. 친구에게 많은 것을 배우고 깨달은 바, 나로서는 엄중하게 실천하는 계기가 되었다.

나는 소망 한다. 세상이 변함없이 늘, 푸르르기를, 이 땅 위에 악의가 사라지고 선의만 존재하길 빈다.

　시가 몸통이라면 시의 겉옷은 평론인 것 같다.
　시의 구절 구절마다 풍부하게 엮어서 평론을 해주신 손해일 문학박사님께 머리 숙여 감사드립니다.
　평소에 많은 지도편달을 해주시고 한용운문학상을 제정하고 투자하여 과분한 상을 수상하게 해주셨으며 필자의 제2시집을 만들기 위해 물심양면으로 감수를 해주신 문학그룹샘문 이정록 회장님, 교수님께 머리 숙여 감사를 드립니다. 또한 도서출판샘문(샘문시선) 출판사 모든 임직원분께 감사드립니다.

　끝으로 항상 응원해주고 위무해주는 제 가족들에게 사랑한다는 말을 전하며 이번 제2시집 출간의 기쁨을 함께 하고자 합니다. 그리고 저의 친구들과 지인분들과 문학의 길을 함께 걷는 문도 여러분들께도 고맙다는 말씀 전합니다.
　존경과 감사를 드립니다.

2025. 07. 27.

희망의 서재에서 **최경순** 드림

평설

해학과 풍자, 비유와 상징이
장기인 정통 시법

- 손해일(시인, 문학박사, 국제펜한국본부 제35대 이사장)

[1] 들어가면서

최경순 시인의 두 번째 시집 『O은 공空이요』 발간을 진심으로 축하드린다.

베스트셀러 작가를 많이 배출한 베스트셀러 명품브랜드 〈샘문시선〉에서 출간한다고 하니 축하드린다. 특히 이번 시집은 〈한용운문학상〉 대상 수상 기념시집이어서 더 의미가 깊다. 한용운문학상은 사단법인 문학그룹샘문 이정록 이사장이 한용운 선생 유가족에게 문학계에서는 유일하게 허락받아 제정한 저명한 상인데, 이 한용운문학산 중견부문 공모전에 응모하여 중견부문 〈대상〉을 수상한 수상 기념시집이라고 하니 더 의미가 있는 시집이다.

최경순 시인(이하 최시인)의 이번 시집을 관류하는 전체적인 특징은 독특한 착상에 해학과 풍자, 비유와 상징을 능란하게 구사함으로써, 시가 깔끔하고 읽는 재미를 준다는 점이다. 낭만적 영탄조가 아니라 이미지를 중시하는 현대적인 모더니즘 시류이기 때문이다.

한국문학의 모더니즘은 1920년대부터 영미 주지주의와 이미지즘의 영향으로 태동하여 1930년대에 본격화되었다. 정지용 선생은 한국 모더니즘 운동의 선구자로 현대 시에 도시적 감각과 이미지즘을 강조하였다. 김기림과 최서해 선생은 영미 주지주의 시 이론을 주도하였다.

첨단 문명이 고도화된 현대에는 시의 갈래가 다양하게 분화되고 있지만, 모더니즘의 뿌리가 여전히 그 바탕을 이루고 있다. 본 작품에서는 크게 해학과 사회풍자가 두드러진 시들과 일반적인 서정시의 두 부류로 나누어 살펴보고자 한다.

[2] 해학과 풍자와 역설과 아이러니의 세계

최 시인은 이 시집에서 '해학' '풍자' '역설' '아이러니' 기법 등을 즐겨 사용하고 있다. 한마디로 착상이나 시어 구사에 능숙하다는 이야기다.

부연하면 '해학'은 단순한 농담을 넘어 따뜻한 시선과 너그러운 태도로 현실을 보며 웃음을 통해 공감과 비판을 동시에 이끌어낸다. '풍자諷刺'는 사회나 인간의 모순, 부조리를 비판적이고 날카롭게 표현하는 기법이다. 유머도 사용하나 주목적은 비판이나 조롱에 있다. '역설逆說, Paradox'은 겉보기에는 모순되거나 이치에 안 맞아 보이나, 곱씹어 보면 진리를 담고 있는 표현이다. '아이러니Irony'는 기대와는 전혀 다른 결과가 나오는 상황, 혹은 말과 실제 의미가 반대인 표현이다. 이 밖에도 말장난, 과장하기 기대 깨기, 모방과 패러디, 몸 개그 등이 있는데, 시를 읽는 재미와 웃음을 유발하는 기법들이다.

이 시집에 수록된 70편의 시중 거의 절반이 이 범주에 속한다.
「야동 세상」 「소래포구를 먹다」 「'거시기' 부탁혀요」 「경을 치다」 「복 싸리비」 「모기의 역습」 「악어의 눈물」 「수작질」 「사유를 낚다」 「심방세동」 「카르텔」 「부러진 못」 「자아도취에 빠진 나르시시스트」 「Me too」 「O은 공空이요」 「군홧발에 짓밟힌 무궁화」 「민들레」 「대중목욕탕 간 군상들」 「수상한 푸들」 「갈대와 떠난 억새」 「우생」 「달팽

평 설

이관 스위치」 등등이다.

먼저 표제 시 「○은 공空이요」와 몇 작품을 통해 이를 확인해 본다.

각은 모서리다/ 삼각, 사각, 오각, 육각/
각진 것들을 깎고 다듬으면 결국에는 둥긂이 된다//
인간의 구조상 모든 끝은 모서리다/
관절, 뒤꿈치도, 퇴화한 꼬리뼈도 모서리다/
모서리라고 생각하는 것에는 모서리가 없다/ 오로지 둥긂뿐,//
뾰족한 각을 세운 말은 상처가 된다/ 상처는 모난 것이다/
상처는 부메랑 되어 돌아온다/ 모난 것은 잡념들이 박힌 것/
모난 것들을 버리면 둥긂을 얻는다// 둥긂은 곧 ○이다 //
공空은 비운다는 것, / ○은 채운다는 것, /
채움은 욕심이다, 욕심은 부푼다/ 부품은 부패요 /
모두가 걷고 뛰어온 뒤편이/ 욕심처럼 부푸니 다 덧없음이요//
○은 버리는 것이 아니라/ 마음을 채우는 것이요/
긍휼矜恤을 품는 것이다//
○이라는 지구에서/ 잠시 쉬어가는 나는 여행자//
비우고 나면 봄은 온다// ○은 공空이다//

- 「○은 공空이요」 전문

이 작품은 마치 '○과 공空'을 불교의 화두나 선문답처럼 전개하고 있다.

불교의 '공空 사상'은 모든 존재가 본질적으로 고정된 자아나 실체를 갖고 있지 않다는 가르침이다. 특히 대승불교, 그중에서도 중관中觀 사상의 핵심이다.

한마디로 "모든 것은 인연 따라 생겨났으며, 고정된 자아나 본질이 없기 때문에, 그 실체에 집착하지 말라."는 것이 요점이다.

이 작품의 개요는 각은 모서리인데, 꺾고 다듬으면 둥글게 된다. 인체의 모든 끝은 모서리인데, 관절, 뒤꿈치, 꼬리뼈도 모서리다. 각진 말은 상처가 되는데, 상처는 모서리다. 모난 것을 버리면 둥근 ○이 된다. ○은 채우는 것인데 채움은 욕심이다. ○은 버리는 것이 아니라, 긍휼의 마음을 품는 것이다. 결국 "○은 공空이다"

> 모든 꽃/ 무더위에 짓무르다/ 고개 떨궈 툭툭 바닥에 눕는다//
> 홀로 밤을 능가하며 우뚝 솟아/ 한 뼘 두 뼘 키를 재더니/
> 요염한 율무기, 벽을 타고/ 달빛 그림자를 지우며 월담한다//
> 허리를 꼿꼿이 치켜세워/ 독을 품은 통꽃 요염한 자태로 /
> 이성異性의 발목을 휘감고 수작을 건다/....
> 독 품은 능소화 피고 지는/ 이 땅 위에 천 년 동안 뿌리박고
> 이듬해에도 수작을 걸어온다, 또
>
> ─「수작질」일부

이 시에서는 담장을 넘어 맹렬히 꽃을 피우는 능소화를, 수작질하는 꽃뱀 '율무기'로 비유하고 있다. 너무 예뻐서 미인계로 수작질을 한다고 풍자하고 있다. '수작酬酌'이란 '수酬=보답하다' '작酌=술'이란 뜻이다. 술자리에서 손님과 주인이 말이나 술잔을 주고받으며, 공경의 뜻을 나타낸다는 것이 원래 의미이다. 그런데 이것이 나쁜 의미의 '수작'으로 변질되었다.

"모든 꽃이 무더위에 짓무르다/ 고개 떨궈 툭툭 바닥에 눕는다" 그런 중에 도 능소화는 한 뼘 두 뼘 키를 재듯 벽을 타고 월담하여 "독을 품은 통꽃 요염한 자태로 발목을 휘감고 수작을 건다" 이 땅에 천 년 동안 뿌리박고 "이듬해에도 또 수작을 걸어온다"

> 망망대해 수술대 위, 푸른 마스크의/
> 포경선이 사방에서 조여 온다/...
> 팔은 갑판의 지느러미처럼 묶이고/
> 잠망경으로 본 솟아오른 고래 지느러미가/
> 엉거주춤한다 //
> 사각사각 회 뜨는 소리 너머 탈태奪胎하는 고래/
> 하느님보다 높은 의느님의 잔치/,
> 수입 보존을 위해 잘려 나가는/ 어린 고래의 무지,//

평 설

경鯨을 칠 노릇이다//...
대한민국 만세/ 일등인데 부끄럽다//

- 「경鯨을 치다」 일부

원래 '경更을 치다'는 옛날에 북이나 꽹과리를 쳐서 시간을 알린다는 뜻이다. 아울러 호된 꾸지람이나 나무람으로 벌을 받는다는 뜻도 있다. 이 작품에서는 한자를 '고래 경鯨'자로 대체하여 불법 고래잡이의 범죄를 "경을 치다"로 비틀고 있다. 망망대해에서 포경선이 고래를 잡아 와 하느님 보다 높은 '의느님'인 의사가 인체 수술하듯 부위별로 해체한다. "사각사각 회 뜨는 소리 너머 탈태하는 고래" "수입 보존을 위해 잘려 나가는 어린 고래의 무지" "경鯨을 칠 노릇이다"

마운드에 선 글러브 / 오만가지 생각이 자란다/...
심오한 감정 따위 알지 못하는/
그녀는 자위질 하듯 침을 삼킨다/ …
오로지, 직구로만 승부를 건 투구/
방패 막 없이 몸부림치던 그녀/...
생전 처음 맛보는/ 고도의 테크닉이 필요한 변화구/
그녀가 흥분한다/ 유인구에 번트 성공하면 도루/
주자가 짧은 시간에 죽으면 조루/...
그녀의 마음을 훔치려다/ 병살타 삼진 아웃이다/...
타자가 휘두른 방망이가/ 그녀의 욕망을 채우고도 남았다/
한 방의 결정타, 만루홈런/ 짜릿한 쾌감이자 쾌락,/
만만찮다//...
야구 동영상은 한 방에 읽히니/ 눈이 호강하고
귓전에 와 닿는 함성이 솔깃하다

- 「야동 세상」 일부

이 작품은 일반 독자가 읽기에는 좀 난해하다. '야동 세상'이라는 제목이 "야한 섹스 동영상"인지 '야구 동영상'

인지 헷갈리는 중층의 뜻이 있다. 야구를 보며 흥분하는 '그녀'와 마운드에 선 투수, 또는 타자는 섹스 상대의 남성을 암시하는 듯하다. 다음 구절들이 야릇하다.

"그녀는 자위질 하듯 침을 삼킨다" "방패막 없이 몸부림치던 그녀" "생전 처음 맛보는/ 고도의 테크닉이 필요한 변화구" "그녀가 흥분한다" "주자가 짧은 시간에 죽으면 조루" "타자가 휘두른 방망이가/ 그녀의 욕망을 채우고도 남았다" 맨 마지막 연에 "야구 동영상은 한방에 읽히니/ 눈이 호강하고/ 귓전에 와 닿는 함성이 솔깃하다"로 반전하며 시치미를 뗀다.

> 탈의하시고 가운으로 갈아 입으실께요/ 침대에 누우실께요/
> 수면에 드니/ 뿅 맞은 것처럼 몽환적이다//
> 그의 손으로 거시기를 엉덩이에/ 은밀하게 밀어 넣는다/
> 피지컬이 역역하다//…
> 빼도 박도 못하게/ 찰칵찰칵 여러 번, 박더니/
> 만족한 환한 미소다/…
> 비몽사몽에 듣는 첫마디 말 / 환자분 일어나실께요/
> 대장내시경 끝났습니다//

— 「'거시기' 부탁허요」 일부

이 시는 대장내시경의 풍경을 코믹하게 해학적으로 그렸다. 가운으로 "갈아입으세요"를 "갈아입으실께요" 하는 식으로, "침대에 누우실께요" "환자분 일어나실께요"로 말장난fun, 언어유희를 한다. 강제 설사약으로 속을 다 비우고 검사하는 대장내시경은 참 고약하다. 수면내시경은 몽환상태라 좀 덜하지만, 마치 항문 섹스하듯 의사가 카메라가 달린 장비(거시기)를 억지로 밀어 넣으면 너무도 불쾌하다. "빼도 박도 못하게/ 찰칵찰칵 여러번 박더니" "대장내시경 끝났습니다"로 마무리한다.

> **평 설**

사군자 중 으뜸은 대나무요/ 지조와 절개를 지키는 군자는/
마디마다 속을 다 비웠다//
비운 속에 찹쌀, 황기,/ 대추로 채운 영계/
다리를 배시시 꼬아 죽염 바르고/ 죽통에서 합방하니//
남녀 칠 세 부 동석이라 했거늘/
부끄러움에 체통이 서질 않는다/...
영계와 합방이라니/ 세상에 금계를 깨는 일/
허나, 군자의 체통이 뭐가 그리 중헌디//
궁합이 묘하니/ 참 맛나구나//

- 「군자와 영계」 일부

이 작품도 풍자와 해학이 넘친다. 보양식으로 먹는 '대통 삼계탕'이 별미다. 절개와 지조의 상징인 대나무(대통)가 속을 다 비우고, 어린 닭 영계와 합방한다는 설정이다. 속을 비운 어린 영계 뱃속에 찹살, 황기, 대추로 채우고 "다리를 배새시 꼬아 죽염 바르고/ 죽통에서 합방하니" 선비 체면이 말이 아니다. "허나, 군자의 체통이 뭐가 그리 중헌디" "궁합이 묘하니/ 참 맛나구나"

[3] 비유와 상징이 능숙한 서정 시편

현대 시의 주요 테크닉은 비유와 상징이다. 시뿐 아니라 글을 잘 쓴다는 것은 '비유와 상징'을 얼마나 잘 구사하느냐에 달렸다. 최 시인은 이에 능통하여 시를 읽는 재미를 준다. 시대가 변하고 문명이 발달함에 따라 현대 시도 복잡 다기 해 졌지만, 시의 본령은 역시 서정시다. 앞에서 언급한 작품들을 제외하면 대부분이 이 범주의 서정시들이다. 그중 몇 편을 살펴본다.

타닥! 타닥! 타닥!/ 자연이 숨 쉬는 선율의 아름다움/
유리창 오선지를 밟는 소리가/
3/4박자 경쾌한 춤곡 비엔나 왈츠다/

창밖에는 비릿한 흙냄새,//
풍경 속 사색에 젖은/ 물감 대신 진한 커피 향에 취한/
운율 서사가 되는 정물이 있는 곳/
그녀를 시음詩吟하는 나른한 오후,/
시원한 빗소리 듣다 보면/ 마음이 가라앉는다//
딱 한 잔의 여유/ 포트에서 도너츠처럼/
물 끓는 소리가 눈에 익어요/
그녀는 오늘 첫 시음이다//

－「첫 시음詩吟」전문

  이 작품은 어느 여성 그녀가 봄비 소리를 들으며 카페에서 커피향에 취해 망중한을 즐긴다는 모티브이다. 창밖의 봄비 소리는 타닥! 타닥! "자연의 선율" "유리창 오선지 밟는 소리" "3/4박자 경쾌한 춤곡 비엔나 왈츠"등 비유가 신선하다. "그녀를 시음하는 나른한 오후" "그녀는 오늘 첫 시음이다" 여기서 '시음詩吟'은 시를 가락에 맞추어 읊는 것을 말한다.

자 봐라!/ 불두佛頭, 내가 진짜 부처요//
비바람 안 맞고 맺은 열매는 없을 것이요/
시련과 역경은 누구나 다 있다/ 내가 그러하니//
나무의 끝이 눕는 것이 하늘 위가 바닥이듯/
떨어져 눕는 것은 바닥이 내 집이요 //
나 이제, 굴참나무 살갗에 걸치고 있던/
모든 것들 다 비우고 / 동안거에 들고자 하니//
내 살갗에서 떨어져 나간 부스러기 같은/
나뭇잎 덮어/ 엄동설한에 얼어 죽지도 말고/
나의 자식 같은 도토리를 다 내어줄 터이니/
굶지 말지어다//
내 너에게 보시하니 다 가져가라/
그것 또한 윤회인 것을//

－「도토리」전문

평 설

　이 시는 도토리 생김새를 부처님 머리 불두佛頭로 비유한 작품이다. 도토리를 부처님으로 환치하여 불법을 설하고 있다. 설명이 필요 없이 비유법의 묘미를 음미하면 된다. "자 봐라!/ 불두佛頭, 내가 진짜 부처요" "시련과 역경은 누구나 다 있다/ 내가 그러하니" "떨어져 눕는 것은 바닥이 내 집이요" "나 이제 모든 것들 다 비우고 / 동안거에 들고자 하니" "나의 자식 같은 도토리를 다 내어줄 터이니/ 굶지 말지어다// 내 너에게 보시하니 다 가져가라"

　　담장 밑 구덩이 파고/ 똥거름 한 바가지 퍼붓고/
　　부처 사리 몇 알 묻어놓으니/ 뙤약볕 쏟아질 때쯤 출산이다//
　　금 줄 친 담쟁이넝쿨 비집고/ 방긋 웃는 노란 별꽃 밑동에/
　　까까머리 동자승/ 그늘에 앉아 오롱조롱 땀을 식힌다//...
　　면벽하고 묵언수행 중인 동자승/
　　머리 위 후드득 떨어진 빗방울 /그 생김이 불두佛頭 같다//
　　잎사귀로, 꽃잎으로, 씨앗으로/ 몸뚱이로 다 내어준 동자승 /
　　그대가 미륵이다//

　　　　　　－「애호박 미륵」 일부

　이 작품은 애호박을 동자승에 비유했다. 담장 밑에 똥거름 주고 부처 사리(호박씨) 몇 알 묻어놓으니 자라서 애호박 된다. 동글동글한 애호박 생김새는 까까머리 동자승 민머리 불두佛頭를 닮았다. 면벽하고 묵언수행 중인 애호박은 "잎사귀와 꽃잎과 씨앗으로/ 몸뚱이를 다 내어준 동자승"이니, "그대가 미륵이다"

　　아내가 자신보다 작은 간호 침대에서 잔다/
　　남의 편 소변 통 받아 들고/ 얼굴 찡그리던 아내가/
　　간이침대에서 쪼그려 잔다//
　　애절한 사랑은 아닌 것 같고/ 달리 아는 여자도 없어서/
　　드라마 보며 운다고 면박 주던/ 아내를 데려다/
　　불침번을 세우고 있다/ 버럭버럭 큰소리치지나 말걸//
　　병실 창밖 얼굴 찡그린 보름달이/ 구름 속을 들락거린다/

보일 듯 말 듯/ 보일 듯 말 듯/ 허공에서 졸고 있는데//
아는 여자라곤 마누라밖에 없어서/ 오래된 달덩이를/
간호 침대에서 재우고 있다//

- 「보호자」 전문

이 작품은 자신의 간병을 위해 병실의 작은 간이침대에서 새우잠을 자는 아내를 안쓰러워하는 내용이다. "애절한 사랑은 아닌 것 같고/ 달리 아는 여자도 없어서/ 드라마 보며 운다고 면박 주던/ 아내를 데려다/ 불침번을 세우고 있다. 버럭버럭 큰소리치지나 말걸"이 핵심이다. 허공에서 찡그린 보름달처럼 "오래된 달덩이" 아내를 간호 침대에서 재우고 있다.

옷 갈아입을 때나 밥 먹을 때나/
화장실 갈 때나 친구 만날 때나/
껌딱지처럼 날 따라다닌다//
침대에 손에 쥔 채 나란히 눕는다/
못 볼 것 없이 다 본 사이니/ 저만 쳐다보라는 둥//
만질 것 다 만진 사이라며/ 내 손을 꼭 잡고 놓지 않는다//
눈도 침침하고 뒷골이 땡긴다/ 너 때문에 내 병이 깊다//
너 없인 하루도 못 살 것 같아//

- 「늘, 손에 쥐고 산다」 일부

우리가 일상에서 늘 손에 쥐고 사는 물건은 무엇일까? 옷 갈아입을 때, 밥 먹을 때, 화장실 갈 때, 친구 만날 때도 껌딱지처럼 따라다니고 침대에도 나란히 눕는 것. 못 볼 것도 다 보고, 만질 것 다 만져 본 사이라며 내 손을 꼭 잡고 놓지 않는 것. 너 때문에 내 병이 깊지만 "너 없인 하루도 못 살 것 같아/ 늘 손에 쥐고 산다." 최 시인은 그 존재를 끝까지 밝히지 않은 채 시치미를 떼고 마무리한다. 누구나 공감하는 껌딱지는 곧 '휴대폰'이 아닌가…

평 설

최 시인의 짧은 서정시들은 굳이 설명이 필요 없는 쉬운 시들이라 전문을 몇 편 예시한다. 착상이나 비유를 음미하기 바란다.

엄니가 해주던
백설기에 갓 나온 쑥 버무림
유년이 오버랩 되니
고향이 그립다

- 「이팝나무」 전문

때론, 상처를 봉합하지만
난, 어쩔 수 없는 놈인가 봐
늘, 상처에 상처만 주니
배배 꼬여서

- 「대못」 전문

꽃 향 가득 찬 밤하늘
가로수 위로 별들이 쏟아지네
별을 헤이다 먼동이 트니
밤새 심어놓은 별들이
찬란히 피었네

- 「벚꽃」 전문

가을걷이 끝난 들녘,
감잎 떨군 우듬지에
꽉 찬 달 하나 걸려 있네
누굴 기다리나
서리꽃 피고 지고 나면
꽉 찬 달도 떨어지는데

- 「까치밥」 전문

봄은 아래에서 위로
여름 지나
가을은 위에서 아래로
겨울에 우리가 만났고
봄과 가을의 교차로에서
이별을 고했고
겨울 종착역에서
마지막 리허설 중입니다

- 「리허설」 전문

[4] 맺는말

이상에서 최경순 시인의 '한용운문학상 대상 수상 기념 시집'「O은 공호이요」의 작품세계를 분석해 보았다.

첫째, 최 시인은 해학과 풍자와 아이러니 등의 기법을 능숙하게 구사함으로써 시를 읽는 재미와 사회풍자적 골계미를 보여주고 있다. 둘째, 비유와 상징을 적절히 활용한 시들은 현대 시의 요체인 짙은 서정성을 보여주고 있다. 이런 특징들은 최경순 시인이 시의 착상이나 언어표현에 능란함을 보여주는 증거들이다. 앞으로 더욱 정진하고 절차탁마해서 큰 시인으로 대성하기 바란다.

샘문시선 1065

한용운문학상 대상 수상 기념시집

O은 공空이요
최경순 제2시집

여는 글 / 4

평설 _ 해학과 풍자, 비유와 상징이 장기인 정통 시법 / 7

제1부 : 야동세상

야동 세상 / 24
소래포구를 먹다 / 26
경鯨을 치다 / 28
포말 / 29
복福 싸리비 / 30
담쟁이 / 31
악어의 눈물 / 32
군자와 영계 / 34
수작질 / 35
[사유]를 낚다 / 36
고해 / 38
모기의 역습 / 39
목비 / 40
군홧발에 짓밟힌 무궁화 / 42
Me too / 43
예멘 난민 표류기 / 44

제2부 : 부러진 못

이팝나무 / 46
'거시기' 부탁허요 / 47
싸리비 역정 / 48
심방세동 / 49
보호자 / 50
갱년기 / 51
리허설 / 52
붉은 장미 / 53
카페 둘러보기 / 54
카르텔 / 56
부러진 못 / 57
이보게 친구 / 58
구강 / 60
애호박 미륵 / 62
대못 / 64
스크래치 / 65
자아도취에 빠진 나르시시스트 / 66
감기 / 68
명함 꺼내기 / 70
나는 좋이다 / 72

제3부 : 늘, 손에 쥐고 산다

○은 공空이요 / 74
황혼 1 / 76
황혼 2 / 77
윤회 / 78
설화雪花 / 79
못 / 80
늘, 손에 쥐고 산다 / 82
빙수 / 83
대중목욕탕 간 군상들 / 84
도토리 / 86
어린 생, 궤적 / 87
수상한 푸들 / 88
딸아 / 89
선풍기 / 90
전어구이 / 91
강남 제비 / 92
달팽이관 스위치 / 94
우생牛生 / 96

제4부 : 봄이 안단테로 피네

싸리골 풍경화 / 98
봄은 / 100
팝콘 봄축제 / 101
봄이 안단테로 피네 / 102
벚꽃 / 103
민들레 / 104
목련꽃 / 107
연못 연화蓮花 축제 / 108
물고기 떼의 유희 / 110
첫 시음詩吟 / 112
사랑의 스케치북 / 113
낙엽 / 114
갈대와 떠난 억새 / 116
숫눈길 / 118
겨울나무 / 120
까치밥 / 121

제1부

아동세상

야동 세상

마운드에 선 글러브
오만가지 생각이 자란다
권모술수가 판치는
미묘한 움직임에 긴장한다
투구, 생각이 손끝을 떠났다
심오한 감정 따위 알지 못하는
그녀는 자위질 하듯 침을 삼킨다
본능적으로 격정을 누른 카리스마
오로지, 직구로만 승부를 건 투구
방패 막 없이 몸부림치던 그녀
스트라이크 또는 데드볼의 유혹,
그 짜릿함, 깊은 늪에 빠졌다
생전 처음 맛보는
고도의 테크닉이 필요한 변화구
그녀가 흥분한다
유인구에 번트 성공하면 도루
주자가 짧은 시간에 죽으면 조루
눈치를 살핀다
그녀의 마음을 훔치려다
병살타 삼진 아웃이다
모 아니면 도다
승부욕이 도를 넘는 세상,
타자가 휘두른 방망이가

그녀의 욕망을 채우고도 남았다
한 방의 결정타, 만루홈런
짜릿한 쾌감이자 쾌락,
만만찮다
절대 유혹에 넘어가지 않는다
야구 동영상은 한 방에 읽히니
눈이 호강하고
귓전에 와 닿는 함성이 솔깃하다

소래포구를 먹다

돛 띄워 항해하던 갈매기 가족
소래포구 선착장에 닻을 내렸다

월곶 로터리 지나 소래로 닿는
철 둑방 행상 좌판
막걸리 한 사발에 천 원,
주둥이 빨간 루주 바르고 꼬리치는 멸치의 유혹,
욕정이 주책이다
울대 훑는 갈증 망설임은 사치다
취기에 풍류를 읊는 갈매기,

포구의 상징인
꽃게 조형물과 칼국수의 만남은
보글보글 끓는 시원한 맛에 말문이 막힌다
부리로 끼니를 쪼아 대는데
탱글탱글 면발 치기 좋은 날

양푼에 한가득 담은
푸짐한 바다 가리비 속,
흑진주를 보는데
관자의 흔적만 표식으로 남았다

가리비 속 터지게 빡빡 긁어 나눠 먹고
새우 뿔 잡고 등껍질 벗긴
흰 속살도 나눠 먹으니
뱃속 바다가 출렁인다

배가 부른 갈매기 가족
비행은 커녕 뒤뚱뒤뚱 광대처럼
어물전을 훔쳐보는데
무리 속으로 뒤엉켜서 사라진다

생선 출석 체크는 뒷전이고
매의 눈으로 본, 터닝포인트는
오징어튀김이다

수평선에 걸터앉은 노을
부리나케 지우고 있는 땅거미
만삭으로 둥지로 날아오르는데
양 날개가 천 근이다

경鯨을 치다

망망대해 수술대 위, 푸른 마스크의
포경선이 사방에서 조여 온다
가쁜 숨을 진정시키며
횟감을 내려다보는 나이팅게일의 눈들

팔은 갑판의 지느러미처럼 묶이고
잠망경으로 본 솟아오른 고래 지느러미가
엉거주춤한다

사각사각 회 뜨는 소리 너머 탈태奪胎하는 고래
하느님보다 높은 의느님의 잔치,
수입 보존을 위해 잘려 나가는
어린 고래의 무지,

경鯨을 칠 노릇이다

동서고금을 막론하고
지금도 광화문 태극기 옆,
포경 국기가 휘날리고
덧난 상처에 바르는 마이신이시여!

대한민국 만세
일등인데 부끄럽다

[註說]
*의느님 : 의사와 하느님을 합성한 신조어

포말

비거리를 가늠치 못하고
바위너설에 멍든 흔적

수십 해리 밖
뱃머리에 흘린 눈물

홀으로 어둠 속
방황하다 입은 상흔

지나온 거리만큼
지나간 거리만큼

태엽이 멈춘 시간
너는 아는가?

한낱 물거품인 것을

복福 싸리비

고적한 산사
스님이 풍경 소리에 맞춰
수행하듯 싸리 빗질을 하고 있다
마당 바깥으로 쓸어 내는 것이 아니라
안으로 쓸어 모으고 있는 것이다

불공드리던 보살이 물었다
스님 가라사대,
가랑비에 속옷 젖듯
낙숫물이 바위에 구멍 뚫듯
지반이 파여 사찰이 무너질까
평탄하게 고르고
복福을 붙잡기 위함입니다

콘크리트가 깔리면서
세월은 이기적으로 변했다
세월의 여류를 아는지
싸리비는 플라스틱 빗자루에 떠밀려
추억 속으로 사라졌다

향수를 행간에 담으니
그립다

담쟁이

높이 오르는 건
본능인가
끝없는 호기인가

허공에 내민 몸
어쩌자고
추락이 안 두렵겠냐마는

치기 어린 도전은
개척이다

악어의 눈물

구강 청결로 위장하여
내밀한 수사 중인 악어새
톱니 같은 악어 주둥이 벌려
지금은 스케일링 중

잡다한 내용물을 많이도 삼켰군
궁싯거리는 악어새

자신의 존재를 과시하기 위해
태블릿, 울트라 생리대를 삼켰군
신사임당, 세종대왕, 율곡, 퇴계도
반으로 접어 삼켰군

악어민증은 악어 지갑에
콘돔은 왜?

분홍 립스틱과 라일락 담배는
벨벳 복주머니 속 페티시즘에
숨이 턱턱 막힌다

족쇄인 줄도 모르고
어깨와 겨드랑에 결박당한 채
세상을 활보한다

비 오는 밤 비 맞을세라
가방으로 머리를 가리면 짝퉁
가방을 가슴에 안고 뛰면 진퉁
진짜가 가짜 같고 가짜가 진짜 같은
짝퉁이 판치는 세상

악어새는
악어의 눈물을 보았을까?

군자와 영계

사군자 중 으뜸은 대나무요
지조와 절개를 지키는 군자는
마디마다 속을 다 비웠다

비운 속에 찹쌀, 황기,
대추로 채운 영계
다리를 배시시 꼬아 죽염 바르고
죽통에서 합방하니

남녀 칠 세 부 동석이라 했거늘
부끄러움에 체통이 서질 않는다
그러거나 말거나
홧김에 확 불 질러 버렸다

영계와 합방이라니
세상에 금계를 깨는 일
허나, 군자의 체통이 뭐가 그리 중헌디

궁합이 묘하니
참 맛나구나

수작질

모든 꽃
무더위에 짓무르다
고개 떨궈 툭툭 바닥에 눕는다

홀로 밤을 능가하며 우뚝 솟아
한 뼘 두 뼘 키를 재더니
요염한 율무기, 벽을 타고
달빛 그림자를 지우며 월담한다

허리를 꼿꼿이 치켜세워
독을 품은 통꽃 요염한 자태로
이성異性의 발목을 휘감고 수작을 건다

유월은 진작에 넘어갔고
이제 갓 피어난 설익은 칠월 초입서
멍하니 눈도장 찍네

장맛비에 목이 댕강 잘려 나가도
한 치의 흐트러짐 없이 똬리 튼 율무기
서럽다 눈물짓지 마라

독 품은 능소화 피고 지는
이 땅 위에 천 년 동안 뿌리박고
이듬해에도 수작을 걸어온다, 또

[사유]를 낚다

[어록]
변산반도 채석강에 닻을 내리자
개밥바라기별이 마중한다
오늘 샛별 보며 배웅할 적에
서리 맞은 뱃고동에 조사釣師들은 옥신각신
간판장에서 조우遭遇한다
인원 점검 후, 게 눈 감추듯
먼바다로 미끄러져 가는 간판장

수평선 끝자락 잔영이 보일 때쯤
닻을 내린 털보 선장은
조사들의 뱃삯을 날름 낚아챈다
샛별에 등 떠밀린 12인 조사님들
동태눈처럼 휑한 것 좀 보소
밀항자의 남루한 행색 같다

빛이 산란하자 조사님들
가자미 눈깔로 월척을 향한
낚시채비에 여념이 없다
먼 해리의 파도는 토할 듯
삼키며 난파선을 먹어 치운다

초릿대는 사유를 낚기 위해
시어를 찌로 쓰고
낚싯줄은 선율로 춤추듯 심해를 훑는다

쉿, 입질이 느껴진다
포효하던 사유, 해금의 활대처럼
초릿대를 능멸할 듯 낚싯줄과
한 판 승부수로 각을 새운다

시간이 하루를 삼킬 때
활대가 리듬에 맞춰 춤을 추니
어망 속으로 추풍낙엽처럼 떨어지던 사유,
만선이다

지쳐 늘어진 석양이 뭍으로 떠밀자
채석강의 빨간 등대가 마중 나온다

[별책부록]
갱상도 어물전 동태가
개우럭에게 누구랑 왔쓰예?
라고 묻는다

대구랑 왔심미더,

고해

무더위에 철모를 꾹 눌러쓴
삼백육십도 회전하는 낱눈
서로 꼬랑지 물고 하트를 그리며
고공 낙하하던 잠자리

레이더에 포착된 하트
트럼프 카드의 하트? 아니죠
러브 인 하트인 것이다

어릴 적 놀이였던
잠자리 시집보내기, 귀양 보내기

사랑을 나누고 있는 잠자리를
꼬랑지 자르고
강아지풀 꽂아서 하늘로 날렸다
빗자루 탄 마녀 같았다

고해를 몰라 개구졌던 유년기
생식기를 자른 것이었다
뒤늦은 지금,
잠자리 심장 뛰는 소릴 듣는다

모기의 역습
- 의사협회 전면 휴진

인간들이 모이는 곳엔
주사기 든 흡혈귀가 득세다

요즘, 매스컴에 자주 등장한다

모기의 숫자를 늘리자
역습이 시작됐다

기득권 때문인가
진실을 감춘 욕심인가

뇌염모기 배가 붉으니 속 보인다
말라리아모기 얼룩 날개가 꺾였다

뇌염, 말라리아로 죽어 간
영혼에 애도를 표한다

흡혈 거부 전격 발표
2024년 06월호 (모기협회)

목비

창공 위 비행기 창에서 본
저 밑의 지구본은
내 손가락 끝에 애달려 있고
내 엉덩이 밑에 깔려있다
순두부처럼 구름이 몽글몽글 부풀어 오른다
녹색 지구를 두둥실 떠다니며
한가로이 노닌다

내 엉덩이 밑에선 떼까마귀 창공을 날자
하늘 밑은 칠흑 같은 그림자가 드리운다
악마의 검은 구름과 용의 하얀 구름은
고요한 침묵을 깨고
악마 이빨과 용의 불꽃이 부딪치니
뇌우에 울부짖는 소리
창공 밑을 쩌렁쩌렁 흔든다

검은 구름 위 창공은 평화롭다
간혹, 불꽃만 튕길 뿐이다

창공 밑은 검은 구름 속에 서있는 아마겟돈,
종말을 예언한 요한 계시록에 쓰여진 것
악마와 용이 싸우는 전투이다
승전한 용은 하늘 위로 승천하였고

패전한 악마의 눈물이 흙비 되어
타닥타닥 떨어지는 소리가
상처 난, 역린逆鱗의 파열음을 닮았다

포말처럼 파장을 일으키니
해묵은 것, 떠나보내는 해갈의 목비로세
대지가 풍요로워지겠구나

군홧발에 짓밟힌 무궁화
- 12.3 비상계엄 내란

대한민국 백성의 꽃
궁핍 없이 오래가는 꽃
민주주의 근간이 되는 꽃

온 국민이 무궁화를 심었습니다
무궁화, 꽃이 피었습니다
언제부터인가 꽃이 시들고 있습니다

진드기 한 마리,
꽃의 수액을
야금야금 빨아먹는 것도 모르고

국민이 심었고
국민이 뽑아내야 한다니
절체절명의 순간 또한, 지나가리

국민이 심고 거둔 것
민주주의 꽃,
이 땅 위에 굳건하게 심자

다시금

Me too

권력을 거머쥔
바람난 음흉한 발기

잔잔히 흐르던 물살을
함부로 휘저으니
수정같이 말갛던 물은 깨졌다
다시는 주워 담지 못했다

구린 것, 걸신들인
권력이 낳은 괴물들
그것은 빙산의 일각

겨우 일각만 벗긴
소문의 발원지
바람난 음흉한 발기에게
벼력*의 정의가,

[註說]
*벼력 : 하늘이나 신령이 사람의 죄악을 징계하려고 내린다는 별

예멘 난민 표류기

어찌저찌하다 보니
제주도가 발칵 뒤집혔다

2014년 내전,

2018년 후티 반군을 피해
궁핍을 못 견디고 고국을 등진
검은 태양의 표류

대소동이다, 배 띄워놓고
발만 동동거릴 수밖에

난민으로 인정해야 하나
영해 밖으로 쫓아내야 하나

낯선 이방인에 대한
혐오와 공포로 제주 당국이
아니, 대한민국이 알고리즘에 빠졌다

제 2 부

부러진 못

이팝나무

엄니가 해주던

백설기에 갓 나온 쑥 버무림

유년이 오버랩 되니

고향이 그립다

'거시기' 부탁허요

탈의하시고 가운으로
갈아 입으실께요
이쪽 침대에 누우실께요
수면 유도제, 혈관을 애무하니
뽕 맞은 것처럼 몽환적이다
그의 손으로
거시기를 엉덩이에
은밀하게 밀어 넣는다
피지컬이 역력하다
(중간 생략)
빼도 박도 못하게
사진을 몇개 박더니
뭐지, 썩소의 느낌은~
여기까지 시詩를 읽고
눈치 못 챈 분 계실까요?
비몽사몽에 듣는
옹알이 같은 첫 마디 말,
환자분 일어나실께요
대장 내시경 끝났습니다

싸리비 역정

돗바늘처럼 꼿꼿하던 싸리비
고독한 세월 쓸더니
뭉툭한 끝으로 된서리 이고 지고
서녘 붉은 뜨락을 기대어 서있다

귓불 매서운 밤바람에
유성처럼 한 움큼 떨어진 낙엽들
별처럼 뒹구는 불가사리처럼 드러누운
꿈들이 널브러져 있다

새벽 싸리 빗질 소리에
시린 하얀 서릿발 선 땅거죽이
새벽밥 짓는 냄새를 닮았다

그저 별빛처럼 배고픈 눈빛엔
싸리비로 쓸어 낸 흔적이
이랑처럼 가지런하다

심방세동

느닷없이 심장이 콩닥콩닥
첫사랑 할 나이도 아닌데
사랑처럼 찾아왔다
이별도 안 했는데
피가 거꾸로 솟구친다

심장이 콩닥콩닥 상심이 커서였을까?
우울증도 동반한다
심장이 요철처럼 불쑥 나댄다
정신없이 살다 보니 잊고 살았다
생과 사는 그렇게 나뉘나 보다

첫사랑도 아닌 것이
참으로 너그럽게 문을 두드리네
콩닥콩닥 병원문이 열린다
안도한다

보호자

아내가 자신보다 작은 간호 침대에서 잔다
남의 편 같은 소변통 받아 들고
얼굴 찡그리던 아내가
간이침대에서 쪼그려 잔다

애절한 사랑은 아닌 것 같고
달리 아는 여자도 없어서
드라마 보며 운다고 면박 주던
아내를 데려다
불침번을 세우고 있다
버럭버럭 큰소리치지나 말걸

병실 창밖 얼굴 찡그린 보름달이
구름 속을 들락거린다
보일 듯 말 듯
보일 듯 말 듯
허공에서 졸고 있는데

아는 여자라곤 마누라밖에 없어서
오래된 달덩이를
간호 침대에서 재우고 있다

갱년기

첫 달거리

달마다 찾아오던 너

잊었나

아니, 잊었다

붉은 단풍처럼

마지막 잎새 한 장, 떠나보낸다

청춘은 갔지만

새봄이 또다시 너에게 갔다

리허설

봄은 아래에서 위로

여름 지나

가을은 위에서 아래로

겨울에 우리가 만났고

봄과 가을의 교차로에서

이별을 고했고

겨울 종착역에서

마지막 리허설 중입니다

붉은 장미

붉은 가시내
찔려도 난 좋더라

양귀비
아무리 꼬셔봐라
내가 반하나

카페 둘러보기

눈인지 꽃인지
꽃인지 눈인지 나무가 하얗다
벚꽃은 먹을 걸 준다
저렇게 뻥튀기를 만들어준다
막 퍼담아 파네, 노점 상의 센스
하얀 겨울에 왔던 곳인데
봄에 또 강남 갔던 제비처럼 왔더니
하얀 꽃잎보다
사람이 더 많다

나무 옆구리에 핀 꽃은 봤어도
버찌가 된 것은 아직 못 봤는데 꽃만 피는 건가?
누가 따먹었나?
벚꽃이 함박웃음 짓는다
조금 늦었다
꽃잎이 강물에 막 떠내려 간다
돈도 안 내고~
어귀에 있는 이 집은 장미 카페의
상징이야 주인장이 형형색색
장미를 사방에 꽂아 놓았다

홀 연못가에 벚꽃잎 한 장 조각배처럼
띄워놓는 센스,

나도 장미꽃잎 한 장 띄워
크루즈선 같은 만행을~
창 밖 데이트하는 사람,
조깅하는 사람, 사진 찍는 사람들

사람사람사람
꽃꽃꽃
봄에 꼭 와보고 싶어서
커피도 안 사고 사진만 찰칵찰칵
앉을 자리가 없어요 젠장,
고목처럼 서 있다가
벚꽃따라 카페를 나서는데
성자처럼 서있는 고목
황구지천의 잉어를 잡아
노점에서
즉석빵을 만들어 사랑을 판다
아내와 사랑을 나눠먹었다

카르텔

길고 길었던 한 겨울
떼까마귀와 함께 떠났다
들판에 봄 내음이 한가득
세상은 아름다운 것도 있지만
먹고사는 게 뭔지,

고개를 돌려보면 서글픈 모습
아름다운 모습만 볼 권리 있지만
도움의 손길 기다리는 곳도 있다
먹고 사는 게 뭔지,

한 끼만 해결하면 땡인데
우리의 삶 속 어디에선가
작동하고 있는 카르텔,
쪼옴, 먹고 살자

부러진 못

콘크리트로
단단히 위장한 거푸집 속
이념이 자라고 있다
어디로 튈지 몰라
사선으로 대못을 박았다
박고 박고 또 박았다
칠십사 년 모진 세월
단단히 박힌 대못
갈등으로 벌겋게 녹슬었다
허리가 잘린 채,
틈새가 헐거워지도록
화해의 손 내밀어도 보았지만
이념이 다르다고
철책이 더 단단해졌다
박고 박고 박다가
옹이에 못이 튕겨 부러진 과오
수습은커녕 빼도 박도 못하게
상처만 남았다
철책에도 꽃은 피는데

이보게 친구

삶은 마라톤이라고 하던가?
이제 이해가 되는구먼,
하루하루가 쌓이면 인생이란걸

뜀박질은 내리막보다
오르막이 힘들다는 것을
저기 멀리 나무 그늘이 보이면
땀방울 훔치며 쉬엄쉬엄 가세

청춘이란 샘물, 물이 올랐을 때
거친 숨을 뱉으며 한달음에 달려왔건만
힘들고 피곤할 때
주저앉아 세상 탓도 했었지

사실은 세상은 가만히 있는데
내가 만든 부질없는 욕심이란 덫에 걸린 것,
새삼 느껴지네, 그려

이제 들판에 핀 꽃도 산에 걸린 멋들어진
푸르름을 보면서 쉬엄쉬엄 가세
저 멀리 나란히 손잡은 한 쌍
느릿느릿한 여정의 황혼도 보인다네

사는 게 뭔지, 나나 자네나 앞만 보고
달려오지 않았나 싶어,
짧다면 짧고 길다면 긴 그 길
가다가 출출하면 소주도 한잔하고 말일세

자네가 부르는 노래 손뼉도 치고
자네가 춤추면 장단 맞추며
이 세상 끝나는 날까지 같이 쉬엄쉬엄 가세

웃으며 살아도 한 평생이고
바쁘게 살아도 한평생 아니던가
봄이 와 꽃향기 날릴 때면 익은 몸 이끌고
세상 여행도 한 번 하고 말일세

이보게 친구
설익은, 잘 익은, 뭉그러진
추억을 먹고 사는 것이 인생이라네
인생 참 짧지 않은가

구강

칠흑 같은 철옹성鐵甕星
주춧돌 위 맞물린 성벽
은빛 반짝이는 서른두 개의 별,

굳건하다

성안을 들락거리던 거르지 못한 비문
혀의 촉각을 세워 더듬어 만지고
쓰다듬어 주무르고 비문을 탐독한다

성안을 들락거리던 가시 돋친 말
절구에 찧고 디딜방아에 빻고
맷돌에 간 말이 씨가 되듯

탐독을 끝낸 혀
목구멍 하역을 돕는다
둘은 공생 관계자이자 경쟁 관계다

말문이 트이자
세 치 혀가 꼬드겨 성 밖으로
줄행랑을 치려는 순간,
성문으로 말꼬리 자르니 말문이 막혔다
성문은 필요에 따라
말의 가교역할을 한다

뼈 시린 세월, 혀 발림으로
뼈에 붙은 자투리를 뜯었을 뿐인데
별 하나, 별똥별이 되고 말았다

시린 성벽 사이로 상스러운 말이
바람 등 타고 섬광을 쫓아 달려 나가자
말의 혀에 재갈을 물려 가뒀다

별에 새겨진 갑골문자
시린 벽을 더듬어 보지만
허공만이 혀를 찬다

혀에 읽힌 비문, 별은 알았을까

애호박 미륵

담장 밑 구덩이 파고
똥거름 한 바가지 퍼붓고
부처 사리 몇 알 묻어 놓으니
뙤약볕 쏟아질 때쯤 출산이다

금 줄 친 담쟁이넝쿨 비집고
방긋 웃는 노란 별꽃 밑동에
까까머리 동자승
그늘에 앉아 오롱조롱 땀을 식힌다

매미는 속 다 까발리고 볼기로
목탁 소리를 내며 한여름 내내
구애했건만 불순한 불심인 듯
보람도 없이 또, 7년을 기다리라 하네

울화통에 참선에 든
플라타너스 멱살을 잡고서
귀때기 떨어져라, 불경스럽게
불경을 읊어 대니 다 덧없음이요

그러거나 말거나
귀때기 닮은 소나기
돗바늘처럼 사선으로 꽂으며
아슬하게 거미줄만 탄다

면벽하고 묵언 수행 중인 동자승
머리 위 후드득 떨어진 빗방울
그 생김이 불두(佛頭) 같다

잎사귀로, 꽃잎으로, 씨앗으로,
몸뚱이로 다 내어 준 동자승
그대가 미륵이다

대못

때론, 상처를 봉합하지만

난, 어쩔 수 없는 놈인가 봐

늘, 상처에 상처만 주니

배배 꼬여서

스크래치

거울을 본다
낯설다

한 뭉치의 기억들
과거와 현재가 앞다퉈
거울을 훑고 지나간다
파노라마처럼

현재가 덧칠한 과거의 초상을
스크래치 하듯
면도날은 거품 속 하얗게 서리 내린
날카로움이 무뎌진 터럭들 더듬고 있다

낯 고랑 사이에 잠들고 있던
베일에 쌓인 꽃같이 멀끔한 젊은 날
허무하다

그냥 세월을 까먹은
거무죽죽한 미완의 초상일 뿐

어디쯤 와 있을까
반듯하게 살아온 걸까

자아도취에 빠진 나르시시스트

쇼윈도 안 마네킹이란 허상에
자신의 집착을 입혀 상품화시킨 유혹의 기술자

시는 언어를 파괴하고 뒤집어야
새로운 창작이 만들어진다고
생각한 때가 있었다

분노할 때
좌절할 때
우울할 때
외로워 눈물 흘릴 때
자신 내면에 내재 된 것을
끄집어내어 보여줌으로
대리 만족을 느낀다는 것

삶은 뿌리부터 우듬지까지
모든 대상에서 하나하나 애정을 쏟았다고
확인하고 싶은 것

오롯이 자기중심적 성격이 확고하여
자신을 과하게 우월하게 여긴다는 것
자신에게 집착하는 이유가
완벽한 인격이라 생각하기 때문,

오히려 남의 능력이나 실력이 뛰어나면

질투와 시기로 다가와서 남에게 냉소적이다

상상력을 총동원해 시를 쓸 때
비현실적일 때가 많다는 것

자신의 시에 도취 되어 특별하다고 느끼고
남이 인정할 때엔 그 우월감은
하늘을 찌른다는 것

자신의 시가 비판적일 때
자괴감을 느끼고
수치심과 열등감이 동반한다는 것

남을 판단하거나 평가하는 것에서
수치심을 안겨주거나
남을 함부로 깎아내리는 것은
자신에 대한 우월감이 된다는 것

사회의 이질적이고 고질적인
병폐를 적나라하게 파헤쳐 신문고를 쳐라

그릇된 잘잘못을 시인是認하는 시인은
인격을 갖춘 사람이다

나하고는 완전히 다른 욕구나
생각의 감정들을 누구나
겸허히 받아들이는 조건,
모두가 존중되어야 한다

고로, 나는 다짐한다

감기

걸핏하면 칼바람과 된바람이
쑥덕공론하다 폐에 폐를 끼치니

매섭다

얼핏 보아도 어디로 튈지 모르는 냉기
뿔난 공처럼 감도는 전운의 시간
그리 오래 걸리지 않았다

스쿼시 치듯 냉기로 목구멍을
세게 차니 머릿속은 온통 회오리로
헤집어 놓은 듯 지끈거린다

고뿔은 밖으로 팅겨 나오려
발버둥 치며 기승을 부리는데
점점 폐포 속 나락으로 떨어졌다

숨통을 틔우려 고뿔을 잡고
흔들어 본들 미로 같은 벽은
좀처럼 틈이 생기지 않는다

쿨럭쿨럭 뿔난 공 소리 만, 요란하다

기세등등한 수식어처럼
오한으로 펄펄 끓더니 재채기와 함께
끈적한 묽음이 한숨과 섞여 나올 뿐

뿔난 냉기의 이력을 읽지 못한
기력 없는 하루

폭풍전야 판콜A 타고
몸속을 구석구석 달리고 보니
땀으로 기세 꺾인 고뿔은 가뭇없다

밤새 잠이 이마를 어루만지니
꿈속이 맑다

[주설]
*판콜A : 감기약에 한 종류

명함 꺼내기

겨우내
꽃자루 속에
꽁꽁 얼려 두었던 꽃의 명함

봄이 되자 누가 먼저 예쁜
명함에 새겨 넣을지 궁금하다

깽깽이풀, 매화, 자목련,
산수유, 진달래, 개나리, 제비꽃

벙글어진 수많은 꽃동

무지갯빛 물결치듯
휘황찬란한 꽃의 향연

저마다
봄 단장한 예쁜 명함을 꺼내
뽐내며 유혹한다

한 번만 봐주세요
제 몸이 시린 줄도 모른다

꽃에 홀린 벌 나비도
눈도장 찍느라 야단법석이네

온 산하가 꽃 명함에
눈들이 호강이다

봄은
올해도 변함없이 또
꽃의 명함을 꺼내 놓는데

고목에 꽃이 피듯
빛바랜 나의 명함에도

나는 종이다

귀차니즘의 하루
땡, 땡, 땡,

종이 종을 친다
울리지도 마

종이 종을 부른다
부르지도 마

정적을 깨우는 종

강박 관념의 굴레에 갇힌 나
뭔가를 꼭 해야 한다는

든 버릇처럼
늘, 의미 없는 조건적 반사다

나는 종이다
딸랑딸랑

제3부

늘, 손에 쥐고 산다

○은 공^空이요

각은 모서리다
삼각, 사각, 오각, 육각
각진 것들을 깎고 다듬으면 결국에는 둥긂이 된다

인간의 구조상 모든 끝은 모서리다
관절, 뒤꿈치도, 퇴화한 꼬리뼈도 모서리다
모서리라고 생각하는 것에는 모서리가 없다
오로지 둥긂뿐,

뾰족한 각을 세운 말은 상처가 된다
상처는 모난 것이다
상처는 부메랑 되어 돌아온다
모난 것은 잡념들이 박힌 것
모난 것들을 버리면 둥긂을 얻는다

둥긂은 곧 ○이다

공^空은 비운다는 것,
○은 채운다는 것,
채움은 욕심이다, 욕심은 부푼다
부품은 부패요
모두가 걷고 뛰어온 뒤편이
욕심처럼 부푸니 다 덧없음이요

○은 버리는 것이 아니라
마음을 채우는 것이요
긍휼矜恤을 품는 것이다

○이라는 지구에서
잠시 쉬어가는 나는 여행자
비우고 나면 봄은 온다

○은 공空이다

황혼 1

햇살 한 줌 떼어다

양달에 수묵담채화를 그렸네

나뭇가지에 초록이 물들면

구름 한 점, 바람 한 줄

노닐다 보니

햇살 한 줌 무르익네

그림자가 그리워지는 어느 날에

황혼 2

아직도 식지 않은 붉은 노을
있는 그대로 사랑하리

둘이서 같은 마음으로
같은 곳을 바라보네

등 뒤로 곧,
어둠으로 얹혀오니

티끌처럼 석양에 스미는
기러기 한 쌍 유난히 붉다네

윤회

죽음도 삶의 한 부분
자연스레 흘러가는 것
누구나 한 번쯤은 왔다 가는 것
슬픔도 지나면 내일이 되는 것
과거가 지니면 현재가 오는 법
현재인가 싶으면 미래가 도래한다
살아온 시간만큼, 살아갈 시간만큼,
인생은 딱 그만큼인 것
슬픔도 기쁨도 딱 그만큼만
인생은 돌고 돈다

설화雪花

누가 뭐라 해도 난,

함박꽃이야

솔잎에

하얀 벙거지 모자

씌우고는

함박웃음 짓네

못

먼동이 트는 새벽하늘과
산자락을 박아 놓았네

바람 따라온 붉은 꽃
뭉게구름을 박아 놓았네

햇무리 붉게 이글이글 끓어오르는
일출을 박아 놓았네

소나무 관솔에 걸터앉은
석양을 박아 놓았네

하늘을 할퀸
저녁놀을 박아 놓았네

낙조에 묻어가는
기러기 떼를 박아 놓았네

보석같이 반짝이는
물비늘을 박아 놓았네

별들이 수놓은
은하수를 박아 놓았네

못은 건들바람으로 박고,
햇살로 박고, 빗줄기로 박고,
함박눈으로 박고

아차,
연꽃도 박아 놓았구나

아무튼,
아름다운 사계四季 풍경을
교묘하게 박아 놓았네

늘, 손에 쥐고 산다

옷 갈아입을 때나 밥 먹을 때나
화장실 갈 때나 친구 만날 때나
껌딱지처럼 날 따라다닌다

침대에 손에 쥔 채 나란히 눕는다
널 만지니 환한 빛으로
자꾸 궁금하게 만든다

못 볼 것 없이 다 본 사이니
저만 쳐다보라는 둥
만질 것 다 만진 사이라며
내 손을 꼭 잡고 놓지 않는다

눈도 침침하고 뒷골이 땡긴다
너 때문에 내 병이 깊다

커다란 한 부분을 차지하고 있어
외면할 수 없는 이유
너 없인 하루도 못 살 것 같아

빙수

손이 차다
신처럼 떠받혀 주고 싶은데
그럴 수 없는 노릇
여러 가지 과일에 격식을 갖추고
팥고물을 올려놓아
액운을 없애주니 빙의가 된 듯
내 혀와 만나니 황홀경이다
촉감이 좋다
입안 가득 향기가 퍼진다
남극의 빙하가 이 맛이 날까?
달콤하니 날 꼬드겨놓고
형체도 없이 사라지는 존재
더울 때나 추울 때나
애틋한 널, 그리워하겠지

대중목욕탕 간 군상들

탐욕과 부정축재로
눈이 먼 군상들이 벗어 놓은
찌든 겉치레가 수북하다

딱,
하루만이라도 정갈하게 살자 잉,
아그들아!

비움의 관문을 열자

샤워 부스의
물주기는 의식을 치르듯이
알몸과 비누 거품이 잘 버무려져
하얗게 씻어 내니
미꾸라지 마냥 미끄덩 거린다

열탕 부스의
수증기는 몸속에 달라붙어 있는
케케묵은 탐욕과 부정축재를 불리느라
땀이 송글송글 하니
으메 시원한 거

한증막 부스의
뜨거운 공기가 우뇌憂惱를 다스린다

반석 위에 군상들이 벗어 놓은
행적의 시간을 뒤집느라
모래시계가 땀을 뻘뻘 흘리다

냉탕 부스의
냉장고 같은 물에 목만
빼꼼히 내밀고 둥둥 떠 있는 입들,
아주 시끄럽다
또 다른 먹잇감을 찾고 있는
붕어 주둥이들 같다

목욕탕 창공의
찬 공기와 뜨거운 공기가
서로 포옹하니
밤하늘에 수놓은 은하수처럼
물방울이 반짝반짝 빛나고 있다

천정에서는 젖소 부인이 젖을 짜듯
박연폭포처럼
냉수를 쏟아내니 풍치가 가관이다
폭포수에 몸을 맡긴 군상들,

툭, 하면
나가 말이지 무소유여!
라고 우겨 본다

딱,
하루만이라도 정갈하게 살자 잉,
아그들아!

도토리

자 봐라!
불두(佛頭), 내가 진짜 부처요

비바람 안 맞고 맺은 열매는 없을 것이요
시련과 역경은 누구나 다 있다
내가 그러하니

나무의 끝이 눕는 것이 하늘 위가 바닥이듯
떨어져 눕는 것은 바닥이 내 집이요

나 이제, 굴참나무 살갗에 걸치고 있던
모든 것들 다 비우고
동안거에 들고자 하니

내 살갗에서 떨어져 나간 부스러기 같은
나뭇잎 덮어
엄동설한에 얼어 죽지도 말고
나의 자식 같은 도토리를 다 내어 줄 터이니
굶지 말지어다

내 너에게 보시하니 다 가져가라
그것 또한 윤회인 것을

어린 생, 궤적

나는 보았다

21세기를 등에 진

어린 생,

누가 멍에를 씌웠나!

수레를 삼킨 폐지의 무게가

생의 앞날이니

삶의 궤적이 버겁다

수상한 푸들

이놈 보소!
지가 사람인 줄

내 차 엔진 소리도 알고
삑, 문 잠그는 소리도 안다
외출하고 들어올 때만 달려와
꼬리 치며 반긴다
그게 끝이다

마누라 눈치만 봐도 짖는다
손을 잡아도 달려와 짖는다
엉덩이에 손이 닿으면 문다
침대에 나란히 누워 끼를 부리면
눈치를 채고
즉각, 진돗개 발령 1호를 발령한다

같은 사내라고
날 꿰뚫어 보고 짖는 것 같다
속내를 들켜 버린 것 같은
이 찝찝한 기분은 뭘까?
만감이 교차한다

딸아

한참 동안 거울을 응시하다
어디부터 색칠할까 고민하더니
결국 패왕별희가 됐다
패왕별희는 매번 모습이 바뀐다
랑랑 18세 딸은 분장 가요 예술가다
설익은 붓질 본인에게 관대하다
타인에게도 관대하길 바랄 뿐,
그 예쁜 얼굴 아직은 미완성이다
철길 위를 달리는 기관사처럼
첫발 내딛는 너의 인생이 아슬아슬하다
질풍노도의 시기를 넘어
방종에 빠지지 않을까 걱정이다
사막 한가운데 거센 모래 폭풍과 맞서서
힘든 난관에 봉착할지라도
스스로 세상과 타협하여
증오와 투기를 남기지 말고
지혜로운 삶으로
이 세상에 우뚝 섰으면 한다
아빠는,

선풍기

바람난 바람 소리
만질 수도 볼 수도 없지만
그대를 사랑합니다

더위에 지쳐 있을 때
거칠게 다가와 와락, 안아 줄 때
세상 다 가진 것처럼
그대가 날 흥분 시킵니다

끈적끈적한 몸, 불쾌할 때
보드레하게 애무하는 바람
상쾌하니 사랑에 빠졌습니다

뜬구름 위에 떠 있는 것처럼
그대 때문에 황홀합니다

내 주위를 떠나지 않고
밤샘 뽀송하게 보듬어 주니
꿀잠에 빠져 이제야 한숨 돌리는
그대는 나의 자장가

전어구이

봄 도리와 바람나
집 나간 며느리

긴 방황 끝 순풍에 돛 달고
뭍으로 뭍으로

전어, 염장을 질러 놓고
돌아오라 불 질러 향기를 피웠다

냄새는 풍겨야 제맛,
석쇠에 전어가 눕는다

저녁놀, 달팽이 뿔로 떨어뜨리자
땅거미가 삼켜버렸다

달팽이 뿔에 걸린 달이
술잔에 빠져 취하니

잘 익은 가을이
제맛이구나

강남 제비

바다 절벽 속 둥지의 평화가 깨졌다
끝없는 인간의 탐욕
제비집 요리 때문이었을까
고향을 잃은 제비, 강남을 떠났다

돛 날개 펴고 풍향을 따라
부리로 좌현 우현 방향타를
잡고서 비바람이 불면 매지구름
위에 눕고 캄캄한 밤이면
북극성을 좌표로 망망대해를
벗 삼아 동방 예의지국으로
날개를 젓고 또 저었다

창공 위 수백 해리
수평선을 따라 비몽사몽에
일곱 번째인가 여덟 번째인가
등대섬에 겨우 안착한 제비
드디어 칠팔 도다

밀사초에 둥지를 틀었다
칠팔 도의 터줏대감
주꾸미의 행방이 묘연하다
인간의 무분별한 남획 탓

주꾸미 잡아 끼니를 때우려다
먹물 옴팡 뒤집어썼네
세상만사 쉬운 일이 어디 있겠는가
앞날이 막막하다

달팽이관 스위치

굼뜬 느림의 미학,
여기에 달팽이가 산다네

가난이 일상인 지어미 품에 자란
외동 달팽이는 선비 정신에 갓 쓰고
도포자락에 지엄한 조부의 손자와 혼인,
대종가에 입성

귀머거리 삼 년, 참으란 어미 당부에
귀 닫고 산 세월이 무정하다
대 끊길세라, 대 이을세라, 종부 노릇하랴
밭고랑에 긴 세월 한 설움을 묻고
어린 달팽이 열 손 등에 업고
집을 짓고 태고적처럼 살아왔네

굽어지고 무뎌지는 곱추처럼
가난을 등에 업고 살아가는 인생
역경을 마중물로 씻듯
달팽이 인생은 서방 지병으로 일찍 여의고
미련을 버리지 못한 야속함에
독야청청 한많은 세월을 귀 닫고 살다 보니
영원히 귀 닫아걸고
세상에 빗장 치고 사는 일

달팽이관이 무뎌진 스위치는
세상일에 무관심으로 일관하네
귀에 대고 염불을 읊어 봐라
소귀에 경 읽듯 하지 말고

달팽이관을 숨기고 있다가
관심 대상에 따라 스위치를 켜고 *끄고*
듣기 좋은 이야기 하면 스위치 켜고
흉보려고 하면 스위치 *끄고*
못 들은 척 방관자가 되어라

오늘도 느리게 걷는 달팽이는
스위치를 켜고 *끄기*를 반복하며
선택과 타협하며 살아가고 있다네

우생牛生

불러도 대답 없는 워낭,
대속물이 된 붉은 동공
슬픔이 그렁하다

코뚜레는 족쇄다
노동요에 귀 먼 노역,
유대라는 이름값에 멍에를 씌웠다

과거는 저 멀리 뒷걸음쳤고
문명은 운명을 바꿔 놓았다

끊어진 숨,

마장동 뒷골목에서
낙인찍힌 피울음 섞인 살점과
오장육부 바쳤거늘

뼈라도 추슬러 묻어 주지
곰탕집 잘 고아진 사골로
피고름마저 짜낸 우생牛生

인간은 양심 없이
항문으로 몽땅 쏟아낸다
배부른 돼지처럼

제 4 부

봄이 안단테로 피네

싸리골 풍경화

싸리골에 비가 가랑가랑 내린다
앙상한 싸리나무 가지에
방울방울 눈물 맺힌 녹색 빗물
개구리 둥근 발가락 끝처럼 걸려있다

가랑비가 오는 날엔
논두렁이나 밭두렁에 숨어 있던
무당개구리 삽 맨 농부를 본 순간 놀라며
발등에 오줌을 지리고 못자리로 튄다

가뭄은 해가림 하느라
분주한 농부의 어깨 위에 앉은 비가
비지땀과 섞여 쉰밥 냄새가 난다
가랑비는 풍경화의 단편과 같다
비 뿌린 땅 위 빗방울 풀잎을 딛고 일어선다
잎에 붓 터치로 구슬을 그리고 나면
산봉우리가 되고
또, 터치를 하면 꽃이 만개하여
온 세상이 풍경화로구나

한 해를 봄비로 시작한다
비가 그치고 나면 얼른 가자
쟁기 들고 복사꽃 피기 전까지

무논이랑 밭뙈기를 어서 갈자
땀으로 소박하게 일구자

낱알에 싹을 틔우니
만석 꿈이 부푸는구나!

봄은

태동을 느끼는 동장군
따스한 햇살에 눈 녹듯
봄이 생동한다

얼음 밑동에서
봄을 유영하는 버들가지
시린 버들가지 타고 나온
버들강아지 꼬리치며 보란 듯
연둣빛 싹눈들

산허리마다 미소 머금은 복수초
살바람에 웃는다

빈 뜨락 망초 대에도
몽용蒙茸 묵정밭에도
꽃향기 품은 봄, 몸 풀고
꽃망울 터트리며 온다
봄은,

팝콘 봄축제

냇가에선 얼음꽃이 터지고
겨울잠을 깬 꽃송이 터지는 소리로
내 코는 일찍이 향기로 가득하네

개나리꽃 노란 색조 띤 얼굴로 웃고 있네
참꽃도 분홍 색깔 갈아입고
할미꽃도 세상에 나와 방긋 웃네
먼 지평선 아지랑이 피어오를 때
팝콘 포문 열어 봄 축제를 여네

숲에서 겨울잠 자던
너구리의 단꿈을 훼방 놓네
몽유병 앓던 꽃뱀도 깨워서
일찍이 봄에 취한 다람쥐와 합창을 하네
숲속의 새들 포롱포롱 날아오르니
놀란 팝콘 팡팡 터지네

꽃들이 살며시 내게로 와
봄소식을 전하네

봄이 안단테로 피네

새녘, 창밖은 구름으로 물들인 잿빛
소리 없이 흐느끼는 봄비
눈물로 곁가지 적실 때
너와집 지붕 추녀 끝에선
봄을 마중 나온 풍경 소리

풍경은 봄을 노래하는 안단테

강을 따라 봄을 거슬러 올라가면
신성한 태곳적으로
코끝 찡하게 떠나는 여행
마음을 담아 노를 저어 간다

우수에 젖은 봄, 햇살로 구우면
내 마음도 익어가겠지

벚꽃

꽃 향 가득 찬 밤하늘

가로수 위로 별들이 쏟아지네

별을 헤이다 먼동이 트니

밤새 심어놓은 별들이

찬란히 피었네

민들레

민들레는 시인들의 연인이다
누가 그러던가요?

흥,

시인 놈들
툭, 하면 날 불러다 놓고
가장 낮은 곳에서부터 봄 햇살로
새싹들을 얼비치는
봄의 전령사라고 치켜세워 놓고는
사랑 고백이라니, 나 원 참,

시인 놈들
봄 소풍은 핑계고 애둘러 한 표현이
햇병아리 닮았다는 둥
동박새 닮았다는 둥
개나리꽃 닮았다는 둥
동백 꽃술 닮았다는 둥
산수유꽃 닮았다는 둥
생강나무꽃 닮았다는 둥
별난 소리로 날 잘도 꼬셔요

시인 놈들
날 묘사하느라고 봄만 되면 바빠요

요망스레,
날 내버려 두질 않더군요
맨 밑바닥서부터
제일 먼저 봄꽃을 피운다는 둥
그래서 어쩌라고
이쁘다는 말 한 마디면 될 것을
사설이 너무 길 자나요
어찌 되었든,
날 시詩 속으로 데려왔으면
귀하게 여겨 보듬어 줄 것이지
시인놈들 편견 때문에
몸살 날 지경이네요
이러니,
'민들레 홀씨 되어' 날아간다고
어떤 작사가가 말했다지요
저를 포자로 만들고 말았네요
잊을래야 잊을 수가 없어요
포자라니 가당키나 한 말인가요?
말이 씨가 되었잖아요
그래서,
민들레 꽃씨 되어 날아가고 싶다는~
그 심정 누가 알아줄까요

시인놈들
여름이 오면 또 어떤 꽃에게 고백할까?
가을은 어떻고, 가을엔 꽃도 엄청난데~
시인놈들
그나저나, 겨울엔 또 뭘 하실려나
동백꽃 피는 동백섬에서
파전에 막걸리 한 잔씩 하면서
누굴 또, 꼬득일까 하고
지지리 궁상 떨고들 있겠지 뭐,
누가 뭐래도
봄은 내 편이란 것
포자 민들레는
봄 소식 전하러 갑니당,

목련꽃

봄마다
벌, 나비 없이도
목련은 이른 봄으로 온다
동네방네
목련이 빵빵 터지는
무음의 폭죽 소리,
촛불처럼 타오르니
꽁꽁 언 마음도 녹는다
꽃샘추위를 벗어 던지고
꽃무늬 치맛자락 휘날리며
시금치 둘둘 말아 포갠 김밥에
새싹 넣은 샌드위치가 소담한
배낭 메고 소풍 떠나자
목련이 피면

연못 연화蓮花 축제

법당 앞 연못가
연꽃 축제가 있나 봅니다

달팽이가 여우비에 조가비 우산을 쓰고
소풍을 갑니다

물방개도 더듬이를 부지런히 움직여
소풍을 갑니다

비단개구리는 긴 혀로 풀잎을 물고
달팽이와 물방개를 따라 소풍을 갑니다

달팽이는 뿔 더듬이로 연잎 북을 치고
물방개는 장단에 맞춰
멋진 시 한 편을 읊조립니다

비단개구리는 긴 혀로
연못에 수채화를 그리며
삼 일간 축제의 포문을 엽니다

수도승이 목탁을 두드리며 염불을 읊자
연잎에서 꽃들이 피어나기 시작합니다
연꽃은 딱 삼 일을 핀다지요?

첫날은 절반만 피었다가 오전에는 오므라들고
둘째 날은 활짝 피어난답니다
그때가 가장 아름답고 향기가 좋답니다

셋째 날은 꽃잎이 피었다가
오전에는 연밥과 꽃술만 남기고
여우비에 젖은 꽃잎이 애잔하게 떨어지며
삼 일간의 축제는 끝난답니다

물고기 떼의 유희

하늘과 수평선에 끼인 태양 아래
물고기들의 유희를 보라
피타고라스의 정의처럼
한번 정해진 것을 바꿀 순 없는가

한 손, 한 두름, 한 궤짝의 규정은
그 숫자에서 자유로울 수가 없다
통발로 바다밑을 깡그리 훑어서
바다 자연을 훼손해선 안 될
것이며 낚시꾼들이 선상이나
갯바위에서 오물을 함부로
투척해서 물고기들이 몸살을
앓게 해선 안된다

뱃머리를 바닷속에 처박고
뱃고동을 울리며 물밑에서
인간의 욕망을 마구 훑어 올린다
집어등으로 홀리며 죽어간 물고기
때론, 살아남은 물고기들
인간의 욕망과 함께
심해로 숨어 들어갔다

하늘을 가르던 괭이갈매기
한 마리가 늙은 수염을 나부끼며
포물선을 그리면서 먹잇감에
피동被動적으로 레이더에 포착
물고기들 유희를 보며
포식자는 쓴웃음 짓는다

폐그물이나 해초가 떠 있는 곳
작은 새우나 갑각류가 가득
붙어 있어 농어의 축제로구나
작은 학 꽁치 치어들 낚시꾼들이
버린 나무젓가락을 타고
날아오르며 유희를 꿈꾸며 논다

밤이슬에 스며든 등대는
홀연 한 눈빛으로 먼 수평선을
물 띠가 보이지 않는 곳까지 적막하게 비추고 있다

첫 시음詩吟

타닥! 타닥! 타닥!
자연이 숨 쉬는 선율의 아름다움
유리창 오선지를 밟는 소리가
3/4박자 경쾌한 춤곡 비엔나 왈츠다
창밖에는 비릿한 흙냄새,

풍경 속 사색에 젖은
물감 대신 진한 커피 향에 취한
운율 서사가 되는 정물이 있는 곳
그녀를 시음詩吟하는 나른한 오후,
시원한 빗소리 듣다 보면
마음이 가라앉는다

딱 한 잔의 여유
포트에서 도너츠처럼
물 끓는 소리가 눈에 익어요
그녀는 오늘 첫 시음이다

사랑의 스케치북

그는 그림을 그린다
절반은 사랑을, 절반은 연민을
스케치북에 채워야 할 것인가
아님, 여백으로 남길 것인가

그는 사랑을 담으려
욕심과 자만을 비우며
여백을 찾으려 애를 썼다

육신은 병들었고 역경 속
뾰족한 혈기, 결기가 되어
연민이 아닌 사랑으로 채우려 했다

그는 사랑을 완성하지 못한 채
여백으로만 남겨 놓았다

낙엽

가을 하늘이 드높고 청명한들
단풍이 제아무리 화려한들
속절없는 시간 햇살로 바스락거린다

나무에서 청승 떨지 않으려
서릿바람에 등 떠밀린 잎새
서릿발 위에 화석처럼 누웠다

등갈색 삽화 하나
문장 속으로 들어왔다

마음이 허허롭거든
서릿발 문장에 누운 몸 밟으소서
영혼을 담아 밟으소서

마음이 시리거든
눈 덮인 이 몸을 밟으소서
그리움 담아 밟으소서

이듬해 닭목령 초록 숲에
기꺼이 밑거름되리니

파란만장했던 세월
바닥에 초고草稿를 깔고
낙엽처럼 눕습니다

서릿바람이 쓴 서사 시집 한 권,
첨삭된 낙엽의 넋, 꺼내 놓습니다

갈대와 떠난 억새

팔랑거리던 귀때기 같은
붉은 단풍이 매서운 바람에
떨어지는 소리가 색색하다
뼈 시린 나무는 동안거에 들고
감 익은 들판 위
붉은 노을처럼 빛나던 시각

같은 하늘 아래
억새와 갈대는 둘도 없는 단짝이었다
더 살기 좋은 곳으로 둘은 길을 떠났다
학처럼 긴 팔로 춤을 추며 가다 보니
어느새 산마루였다

바람이 불자
바람에 흔들리는 여자 마음처럼
갈대는 저 멀리 보이는 강가로 가
긴 팔 꽂아 물고기자리가 되었다

억새는 하늘과 가까운 곳에 남아
귀歸 없는 삐쩍 마른 몸으로
억겁의 시간 억척같이 살았다

간들거리던 실바람에도
몸을 휘청이며 그리운 것을 찾듯
울음을 내뱉는 억새
새들을 불러 모으는 손짓이
마치 은빛 바다를 품은 학익진 같다
새들의 천국이자 새들의 고향
햇살을 품어 겨울을 덥히는 억새
어미 새처럼

바람을 가르며 창공을 나는 새들
실바람 타고 휘어지던 억새
실개천을 유영하는 물고기들
실바람 타고 흔들리는 갈대

이 세상 모든 것
구속하지도 구속받지도 않는
자유로운 영혼들 아름답고
고귀하면 좋겠다

숫눈길

함박눈이 펑펑 쏟아지는
새해가 밝았습니다
무심코 하늘 위 올려봅니다
콧잔등 치켜세우고

아스라한 하늘 계곡서
바람의 등을 타고 춤추듯
포물선을 그리며 눈웃음 짓던 꽃,
내 입술로 다가와 함박꽃이
되더니 이내 눈 녹듯 사라집니다

온 세상을 담아낸 소복한 함박꽃,
아무도 안 밟지 숫눈길에 첫 발자국 찍습니다
소복한 함박꽃잎 밟으니 마음이 부풉니다

첫 발자국의 설렘은 미지의 시작입니다
보폭이 넓지도 좁지도 않게 찍겠습니다
누군가 내 발자국을 따라
길을 나설 수 있기 때문입니다

함박눈이 펑펑 쏟아집니다
발자국이 자꾸만 지워집니다
다시금 돌아가 발자국을 찍을 순 없습니다

지워진 숫눈길에 누군가는 또,
설렘의 흔적을 남기겠지요?
희망을 꿈꾸며

겨울나무

어제는 화창했는데
오늘은 찹쌀가루 같은 눈이 왔어
배가 고프면 사랑이고 뭐고
집이고 뭐고
먹을 게 최고지
낙엽을 튀기면 어떤 맛일까?
배고픔을 이기려면
저 눈은 백설기라고
생각할 게 아니고
아, 내가 지금, 배고파하는구나
알아차리기만 하라네
그렇구나!
나는 지금 배가 고픈 거야
그게 끝, 그러면 된다네
해봐,
봄을 기다리는 나무는
죽은 듯이 서 있는데
나는,

까치밥

가을걷이 끝난 들녘,

감잎 떨군 우듬지에

꽉 찬 달 하나 걸려 있네

누굴 기다리나

서리꽃 피고 지고 나면

꽉 찬 달도 떨어지는데

샘문시선 1065
한용운문학상 대상 수상 기념시집

O은 공호(空)이요

최경순 제2시집

발행일 _ 2025년 8월 14일
발행인 _ 이정록
발행처 _ 도서출판샘문
저 자 _ 최경순
감 수 _ 이정록
기 획 _ 박훈식
편집디자인 _ 신순옥, 한가을
인 쇄 _ 도서출판샘문
주 소 _ 서울특별시 중랑구 동일로 101길 56, 3층(면목동, 삼포빌딩)
전화번호 _ 02-491-0060 / 02-491-0096
팩스번호 _ 02-491-0040
이메일 _ rok9539@daum.net / saemteonews@naver.com
홈페이지 _ www.saemmoon.co.kr (사단법인 문학그룹샘문)
           www.saemmoonnews.co.kr (샘문뉴스)
출판사등록 _ 제2019-26호
사업자등록증 등록 _ 113-82-76122(사단법인 도서출판샘문)
                   677-82-00408(사단법인 문학그룹샘문)
                   104-82-66182(사단법인 샘문학)
                   501-82-70801(사단법인 샘문뉴스)
                   116-81-94326(주식회사 한국문학)
샘문사이버교육원 (온라인 원격)-교육부인가 공식교육기관 _ 제320193122호
샘문평생교육원 (오프라인)-교육부인가 공식교육기관 _ 제320203133호
샘문뉴스 등록번호 _ 서울, 아52256
ISBN _ 979-11-94817-24-6

 문화체육관광부

본 도서는 2025년 한국예술인복지재단(문화체육관광부)의
「문화예술지원사업」으로 선정되어 지원 받았습니다.

본 시집의 구성은 작가의 의도에 따랐습니다.
이 책의 저작권은 저자와 도서출판 샘문에 있습니다.
무단 전재 및 표절, 복제를 금합니다.

파손된 책은 구입처에서 교환해 드립니다.
본지는 한국간행물 윤리위원회 윤리강령 및 실천요강을 준수합니다.

문집 출간 안내

도서출판 샘문 에서는

베스트셀러 명품브랜드 〈샘문시선〉에서는 각종 시집, 시조집, 수필집, 동시집, 동화집, 소설집, 평론집, 칼럼집, 꽁트집, 수상록, 시화집, 도록, 이론서, 자서전 등 문집을 만들어 드립니다.

도서출판 샘문에서는 저자님의 소중한 작품집이 많은 독자님들에게 노출되고 검색되고 구매하여 읽히고 감상할 수 있도록 그 전 과정을 기획, 교정, 교열, 퇴고, 윤문(첨삭,감수), 디자인, 편집, 인쇄, 제본, 서점 등록(납품;유통), 언론홍보, SNS홍보 등, 출판부터 발매 까지의 전략을 함께해 드립니다.

📖 출판정보

샘문시선은 도서출판비를 30% 인하 하였습니다. 국제원자재값 폭등으로 인하여 문집 원자재인 종이값 등이 3번에 걸쳐 43% 상승하였으나 이를 반영하지 않았습니다.

- 📢 저자가 필요한 수량만큼 드리고 나머지는 서점 유통
- 📢 시집 표지는 최고급으로 제작함 – 500부 이상
- 📢 제목은 저자 요청시 금박, 은박, 에폭시로도 제작함
- 📢 면지는 앞뒤 4장, 또는 칼라 첨지로 구성해드림
- 📢 본문은 100g 미색 최고급지 사용함(눈 보안용지, 탈색방지)
- 📢 본문 200페이지 이상은 80g 사용
- 📢 저서봉투 – 고급봉투 인쇄 무료 제공
- 📢 출간된 책 광고(본 협회 =〉홈페이지, 샘문뉴스, 내외뉴스, 페이스북 13개그룹(독자&회원 10만명), 카페 3개, 블로그 2개, 카톡단톡방 12개, 유튜브, 카카오스토리, 인스타그램, 문예지 4개, 문학신문 등)
- 📢 견적 ▷ 인세 계약서 작성 ▷ 기획 ▷ 감수 ▷ 편집 ▷ 재감수 ▷ 재편집 ▷ 인쇄 ▷ 제본 ▷ 택배 ▷ 서점 13개업체 납품 ▷ 저자에게 납품 ▷ 유통 ▷ 홍보 ▷ 판매 ▷ 인세지급
- 📢 출판기념회는 저자 요청시 본사 문화센터(대강의실) 무료 대여 가능(70명 수용가능) 현수막, 배너, 무대 조명, 마이크, 음향, 디지털 빔, 노트북, 줌시스템, 모니터, 컴퓨터, 석수, 커피, 차, 무료 제공
- 📢 저자 요청시 저자의 작품 전국대회에서 수상한 시낭송가가 낭송하여 유튜브 동영상 제작 =〉 출판기념식 및 시담 라이브 방송
- 📢 저자 요청시 네이버 생방송 출판기념회 가능(유튜브 연동) – 네이버 라이브 커머스쇼
- 📢 뒷 표지에 QR코드 삽입가능 – 저자의 작품 시낭송 유튜브 동영상 등(요청시)
- 📢 교정, 교열, 감수, 윤필(첨삭감수), 평설, 서문 등(유명한 시인, 수필가, 소설가, 문학평론가, 항시 대기)

문집 출간 안내

📖 빅뉴스

이정록 시인의 〈산책로에서 만난 사랑〉이 네이버 선정 베스트셀러로 선정 된 이후 〈내가 꽃을 사랑하는 이유〉, 〈양눈박이 울프〉, 〈꽃이 바람에게〉, 〈바람의 애인, 꽃〉 시집이 연속 교보문고 베스트셀러에 선정 되고 5권 전부 출간 순서대로 골든존에 등극하였다. 평생 한 번도 어렵다는 자리를 이정록 시인은 5년 동안 5번에 오르고 현재도 이번 2022년 5월경에 출간된 [바람의 애인, 꽃] 영문판과 [담양장날]이 출간을 기다리고 있다

〈서창원 시인, 2회〉, 〈강성화 시인〉, 〈박동희 시인〉, 〈김영운 시인〉, 〈남미숙 시인〉, 〈최성학 시인〉, 〈이수달 시인〉, 〈김춘자 시인〉, 〈이종식 시인〉 외 한용운문학상 수상 시인인 〈서창원 수필가〉, 〈정세일 시인〉, 〈김현미 시인〉가 올랐고, 2022년 올 봄에는 〈정완식 소설가〉 『바람의 제국』 이 소설집으로는 최초로 『네이버 선정 베스트셀러』 반열에 올랐고, 〈이동춘 시인〉에 『춘녀의 마법』 시집이 『네이버 선정 베스트셀러』 반열에 올랐다. 그리고 컨버전스공동시선집과 한용운공동 시선집도 간간히 베스트셀러를 하고 있는 〈베스트셀러 명품브랜드〉 『샘문시선』 이다

〈샘문시선〉은 〈베스트셀러_명품브랜드〉로서 고객님들의 〈평생가치를 지향〉하는 〈프리미엄 브랜드〉입니다. 고객이신 문인 및 독자 여러분, 단체, 기관, 학교, 기업, 기타 고객분들을 〈평생 고객〉으로 모시겠습니다. 많은 사랑 부탁드립니다

📖 샘문특전

- 📣 교보문고, 영풍문고, 인터파크, 알라딘, 예스24시, 11번가, Gs Shop, 쿠팡, 위메프, G마켓, 옥션, 하프클럽, 샘문쇼핑몰, 네이버 책, 네이버쇼핑몰, 네이버 샘문스토어 등 주요 오프라인 서점, 온라인 서점, 오픈마켓 서점에서 공급 및 유통하고 있습니다.

- 📣 기획, 교정, 편집, 디자인에 최고의 시인 및 작가, 편집가, 디자이너, 평론가, 리라이팅(첨삭 감수) 및 감수 전문가들이 참여하여 감성, 심상이 살아 있는 시집, 수필집, 소설집, 등 각종 도서를 만들어 드립니다.

- 📣 인쇄, 제본, 용지를 품질 좋은 우수한 것만 사용합니다.

- 📣 당 출판사 〈한용운공동시선집〉, 〈컨버전스공동시선집〉과 〈한국문학공동시선집〉, 〈샘문시선집〉을 자사 신문인 (샘문뉴스)와 제휴 신문인(내외신문), 글로벌뉴스와 홈페이지(2군데), 샘문쇼핑몰, 네이버 샘문스토어, 페이스북, 밴드, 카페, 블로그를 합쳐서 10만명의 회원들이 활동하는 SNS 20개 그룹 공개 지면 및 공개 공간을 통해 홍보해 드립니다.

- 📣 당 출판사를 통해 국립중앙도서관 및 국회도서관 및 전국 도서관에 납본하여 영구적으로 보존해 드립니다.

- 📣 당 문학그룹 연회비 납부 회원은 30만원 상당에 〈표지용 작품〉을 제공 받습니다.